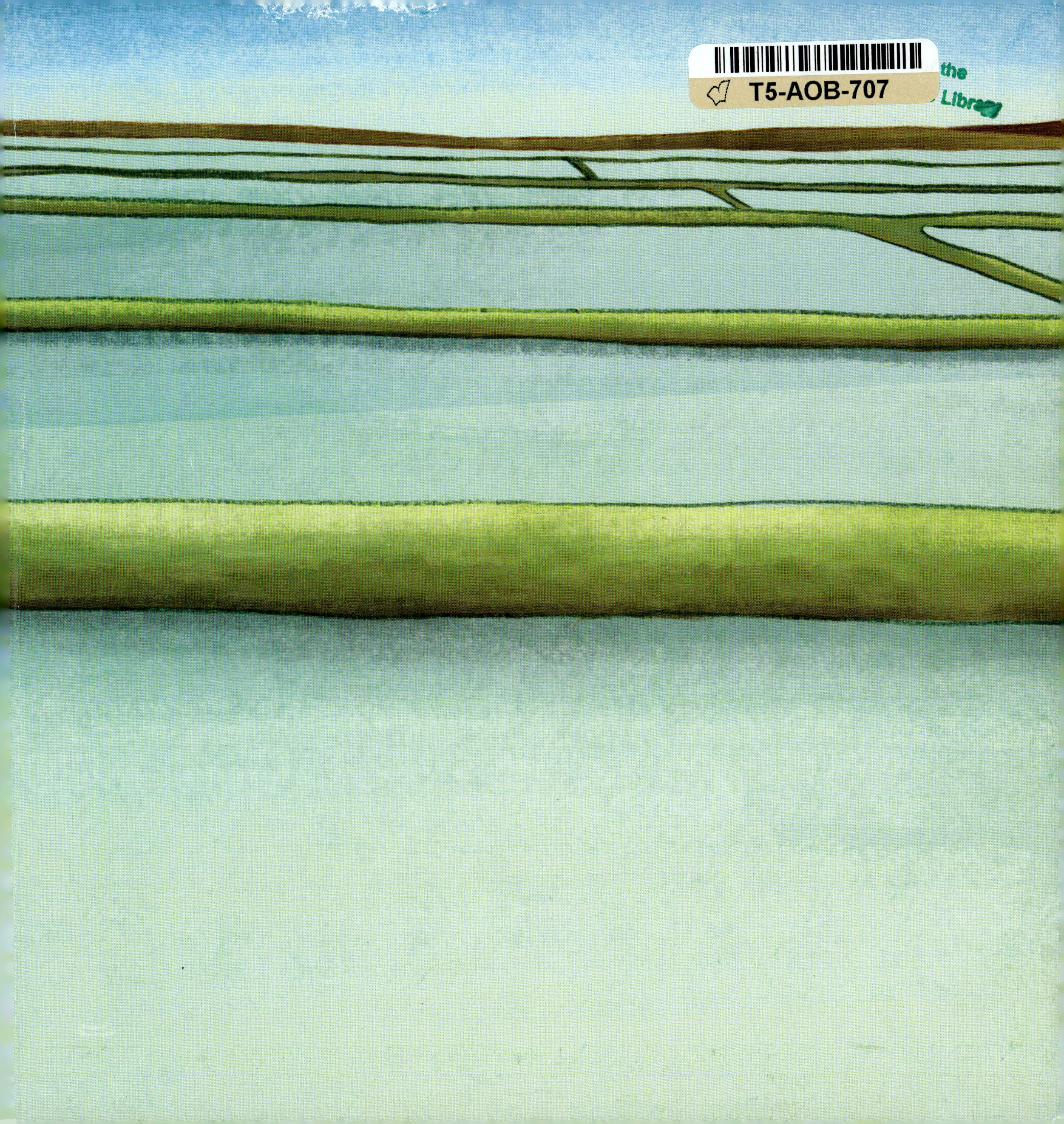

Dirección editorial: Raquel López Varela
Autoras: Mariana Magalhães y Cristina Quental
Ilustración: Sandra Serra
Coordinación editorial: Jesús Muñoz Calvo y Ana Mª García Alonso
Maquetación: Javier Robles, Patricia Martínez y Eduardo García
Título original: *Ciclo do arroz*

Reservados todos los derechos de uso de este ejemplar.
Su infracción puede ser constitutiva de delito contra la propiedad intelectual.
Prohibida su reproducción total o parcial, distribución, comunicación pública,
puesta a disposición, tratamiento informático, transformación en sus más
amplios términos o transmisión sin permiso previo y por escrito. Para fotocopiar
o escanear algún fragmento, debe solicitarse autorización a EVEREST (info@everest.es)
como titular de la obra, o a la entidad de gestión de derechos
CEDRO (Centro Español de Derechos Reprográficos, www.cedro.org).

© 2013, Ediçoes Gailivro
© 2013, Cristina Quental y Mariana Magalhães (texto), Sandra Serra (ilustraciones)

© EDITORIAL EVEREST, S. A
Carretera León-La Coruña, km 5 - LEÓN.
ISBN: 978-84-441-4936-3
Depósito legal: LE-894-2013
Printed in Spain - Impreso en España

EDITORIAL EVERGRÁFICAS, S. L.
Carretera León-La Coruña, km 5
LEÓN (España)
Atención al cliente: 902 123 400

Conoce nuestros productos en esta página, danos tu opinión y descárgate gratis nuestro catálogo.

www.everest.es

ciclo del arroz

Cristina Quental es una joven escritora portuguesa que nació el 19 de noviembre de 1983 en Ponta Delgada. Es maestra de educación infantil y ha alternado el trabajo en la escuela infantil con actividades relacionadas con la dinamización del tiempo libre.

Mariana Magalhães nació el 2 de noviembre de 1971 en Lisboa (Portugal). Además de escritora, también es maestra de educación infantil y ha alternado el trabajo en la escuela infantil con actividades vinculadas con la acción social. Ha participado en numerosos seminarios y cursos de capacitación sobre temas relacionados con niños en situaciones de riesgo. También ha organizado y coordinado un centro de acogida para menores sin familia o separados de esta.

Sandra Serra nació en Luanda (Angola) el año 1968. Es diseñadora gráfica e ilustradora desde el año 1994. Ha sido mencionada, en varias ocasiones, como una de las referencias de la ilustración infantil y juvenil en Portugal. Desde el año 2007, también se dedica a escribir obras infantiles y ya tiene varios libros editados. Tiene su propio sitio web: www.espiralinversa.pt

¿dónde vamos hoy?

ciclo del arroz

Cristina Quental
Mariana Magalhães

Ilustraciones **Sandra Serra**

everest

4

Después de comer, la maestra Teresa entró en clase y encontró a sus alumnos ansiosos por preguntar:

—¿Cómo se hace el arroz? —inquirió Linda.

—¿Queréis aprender a cocinar arroz con leche o algún arroz salado?

—No, nada de eso. ¡Queremos saber cómo se hacen las espigas de arroz! —explicó Clara.

—¡Ah! Os gustaría saber de dónde viene el arroz. No se hace, se siembra —puntualizó la maestra Teresa con una sonrisa.

—¿En serio? ¿El arroz sale de la tierra? ¡Pero si es muy blanco! —se extrañó Víctor.

—El arroz es un cereal que se planta en terrenos con mucha agua. Por eso, los arrozales suelen estar cerca de ríos o en tierras muy húmedas.

—¿Y podremos ver arroz en la orilla del río? —preguntó Miguel.

—Voy a averiguar si hay por aquí algún arrozal que podamos visitar. Mañana os cuento.

A la mañana siguiente, la maestra Teresa entró contenta y anunció:

—Niños, he conseguido organizar una visita.

—¡Qué bien! ¿Y para cuándo? —preguntó Inés.

—Para ahora mismo. Poneos las chaquetas, que el autobús nos espera en la puerta.

En el autobús, la maestra Teresa explicó que el arroz procedía de los países de Oriente, como China y Japón, y que aún hoy es la base de la alimentación de chinos y japoneses. También contó que la tradición de lanzar arroz a los recién casados nació en esos países y significa que se les desea buena suerte.

A los alumnos les gustó mucho enterarse de estas curiosidades.

Don Luis los recibió con una sonrisa.
—Buenos días, niños, bienvenidos a mi arrozal. Preguntadme todo lo que queráis.

—¿Cómo se planta el arroz?

—¿Cómo crece el arroz?

—¿Cómo se cosecha el arroz?

—¿Qué se hace con el arroz después de la cosecha?

11

—¡Qué curiosos sois! Voy a intentar responderos a todos. Venid por aquí para que veáis el campo ya sembrado.
—¡Caray! ¡Cuánta agua! —exclamó Mario.
—¡Parece una piscina! —añadió Leonor.
—Pero ¿dónde está el arroz? —quiso saber María.
—El arroz está sembrado en este terreno cubierto de agua.

13

—Después, las plantas van creciendo y pasan por tres fases de desarrollo: la vegetativa, la reproductiva y la de maduración. El ciclo del arroz, desde la siembra hasta la cosecha, dura de cuatro a cinco meses, dependiendo de varios factores, como el tipo de terreno, de simiente, de clima y de temperaturas.

—¿Y cómo se cosecha? —preguntó Rodrigo.

—Antiguamente, venían muchos hombres y mujeres, los segadores, y lo recogían a mano. Después lo ataban en haces que se llevaban en carros tirados por bueyes hasta las eras y, más tarde, al almacén.

—¿Y ahora cómo se hace? —inquirió Sofía.

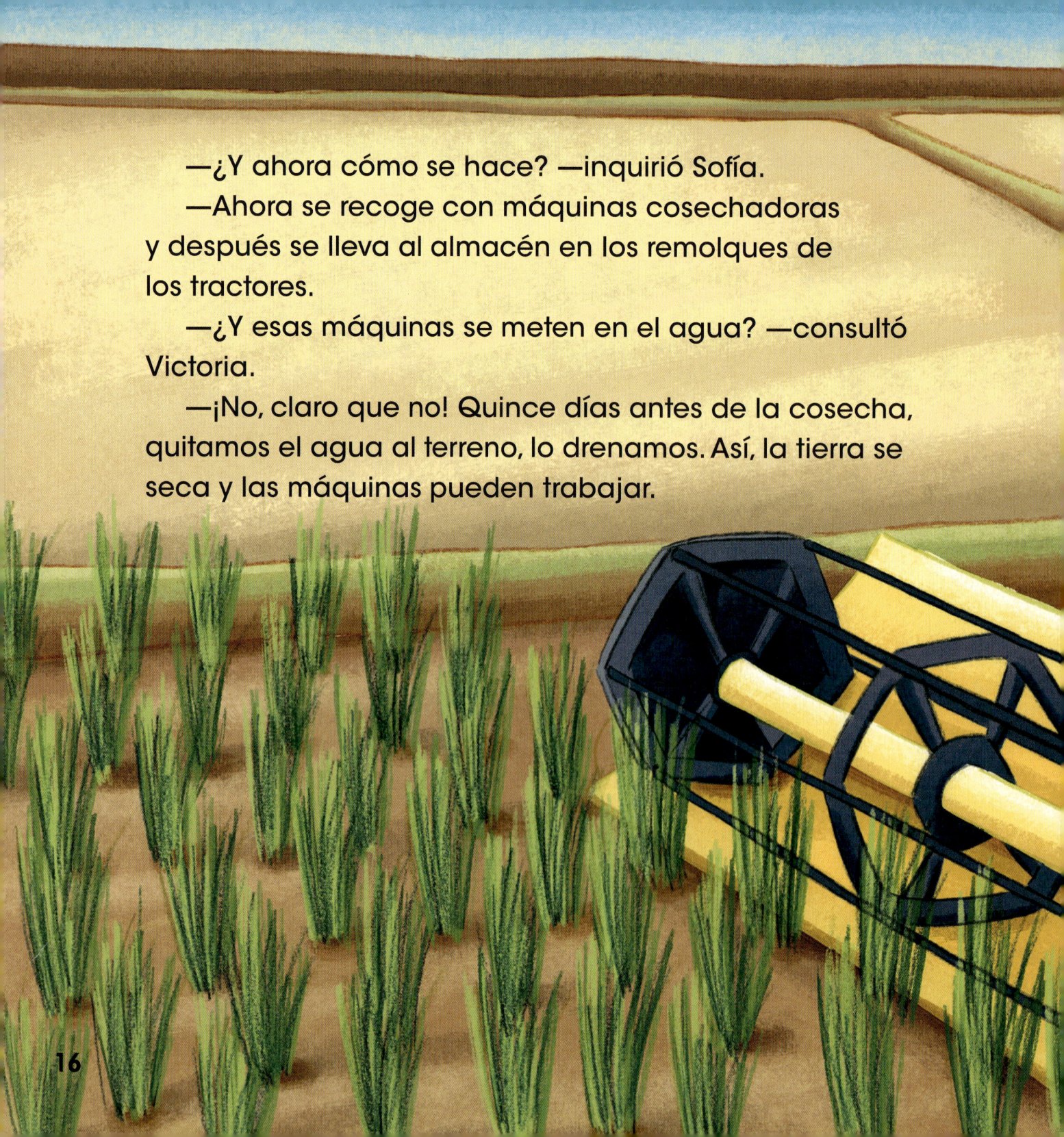

—Ahora se recoge con máquinas cosechadoras y después se lleva al almacén en los remolques de los tractores.

—¿Y esas máquinas se meten en el agua? —consultó Victoria.

—¡No, claro que no! Quince días antes de la cosecha, quitamos el agua al terreno, lo drenamos. Así, la tierra se seca y las máquinas pueden trabajar.

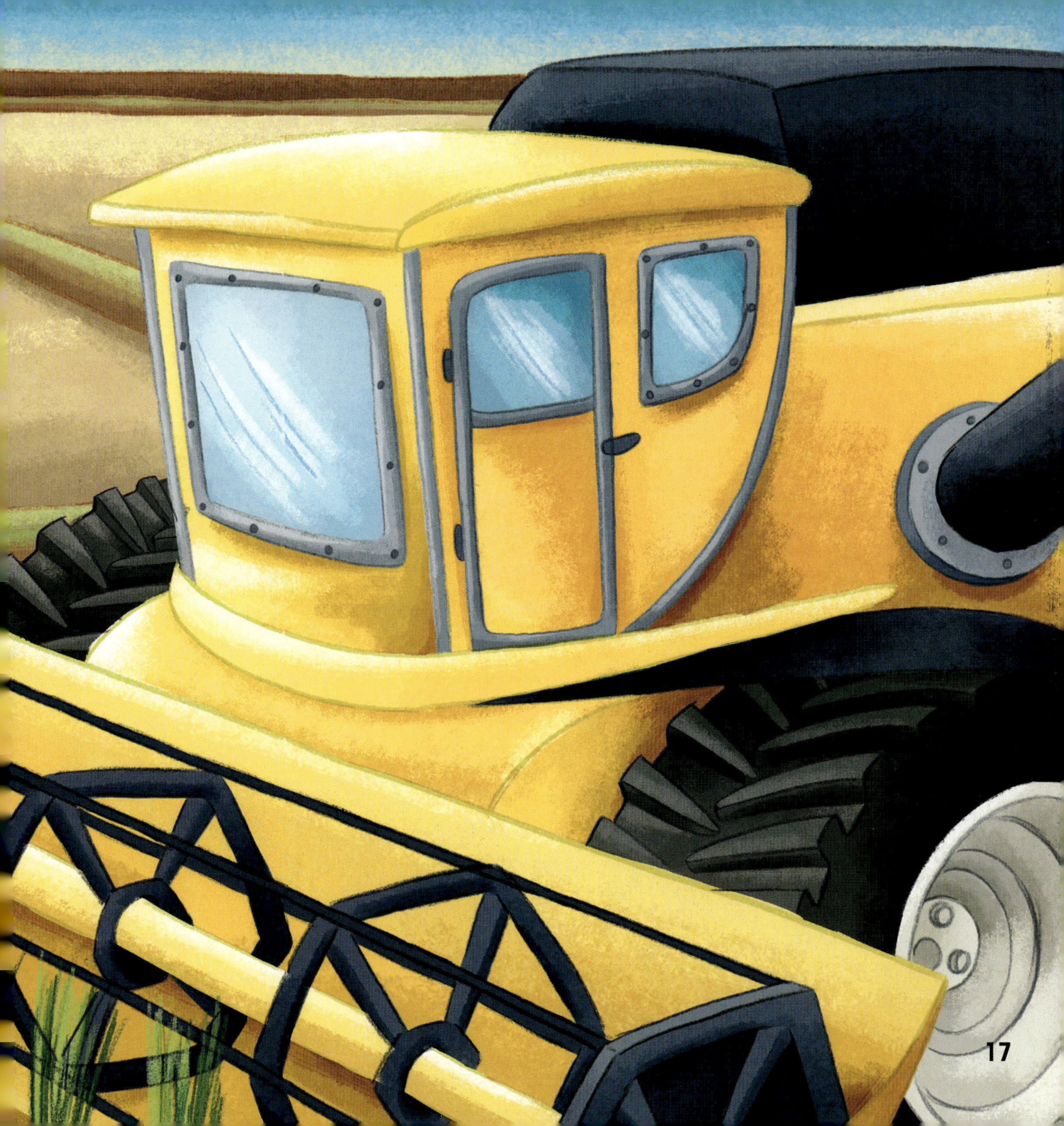

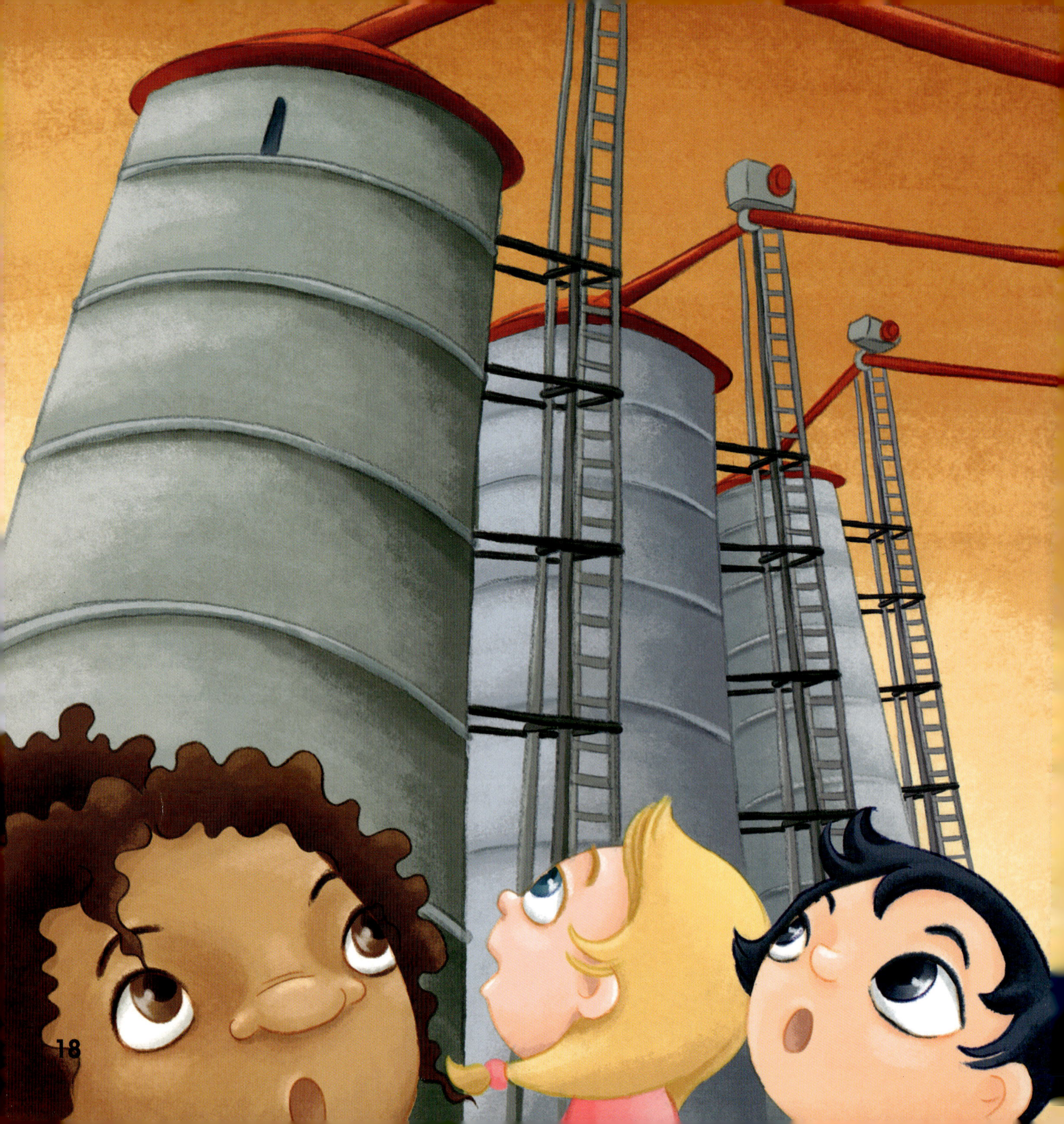

—Y luego, ¿qué ocurre? —preguntó Jorge.

—Luego se deja que se sequen las plantas. En los arrozales pequeños, el secado se hace sobre el terreno. En este, que es bastante grande, tenemos secaderos especiales. Venid a verlos.

En el almacén, vieron secaderos gigantescos, muchas máquinas y gran cantidad de sacos de arroz por descascarar.

—Aquí veis que este arroz ya está seco y embalado para ser vendido a una marca de arroz, pero aún debe descascararse. Eso se hace en la fábrica.

—¡Asombroso! —exclamó Catalina.

—Antes de acabar la visita, os darán una rama de arroz para que lo descascaréis a mano.

Todos le agradecieron su tiempo y partieron en el autobús hacia la fábrica.

Allí observaron la llegada de los grandes sacos de arroz procedentes del arrozal de don Luis.

Fueron recibidos por Celia, una empleada, quien les habló de las siguientes etapas:

—Cuando el arroz llega de los productores, se descarga en una máquina limpiadora que lo separa de las impurezas.

—¿Y qué tipo de impurezas son esas? —quiso saber Francisco.

—Pues piedrecitas, paja o tierra.

»Una vez limpio, el arroz pasa por una máquina llamada *descascaradora*. ¿Quién adivina qué hace esta máquina?

—¡DESCASCARAR! —gritaron eufóricos.

—Muy bien. Esta máquina tiene dos rodillos de goma que giran en sentido contrario y a distinta velocidad.

Cuando el arroz pasa entre ellos, la cáscara se rompe y se aspira.

—¡Pero el aspirador de mi casa lo aspira todo! ¿Por qué este no se lleva también el arroz? —cuestionó Beatriz.

—Porque este aspirador es más suave y solo succiona la cáscara, que pesa menos —explicó Celia.

—Por fin, el arroz, ya descascarado y limpio, pasa por otra máquina que lo blanquea, retirando la parte externa del grano, que se llama *pericarpio*. A continuación, se almacena en silos, de donde sale para ser empaquetado en las bolsas que venden las tiendas. Venid a echar una ojeada.

A todos les encantó ver salir de la máquina el arroz tan blanquito. ¡Ahora sí que parecía el de casa!

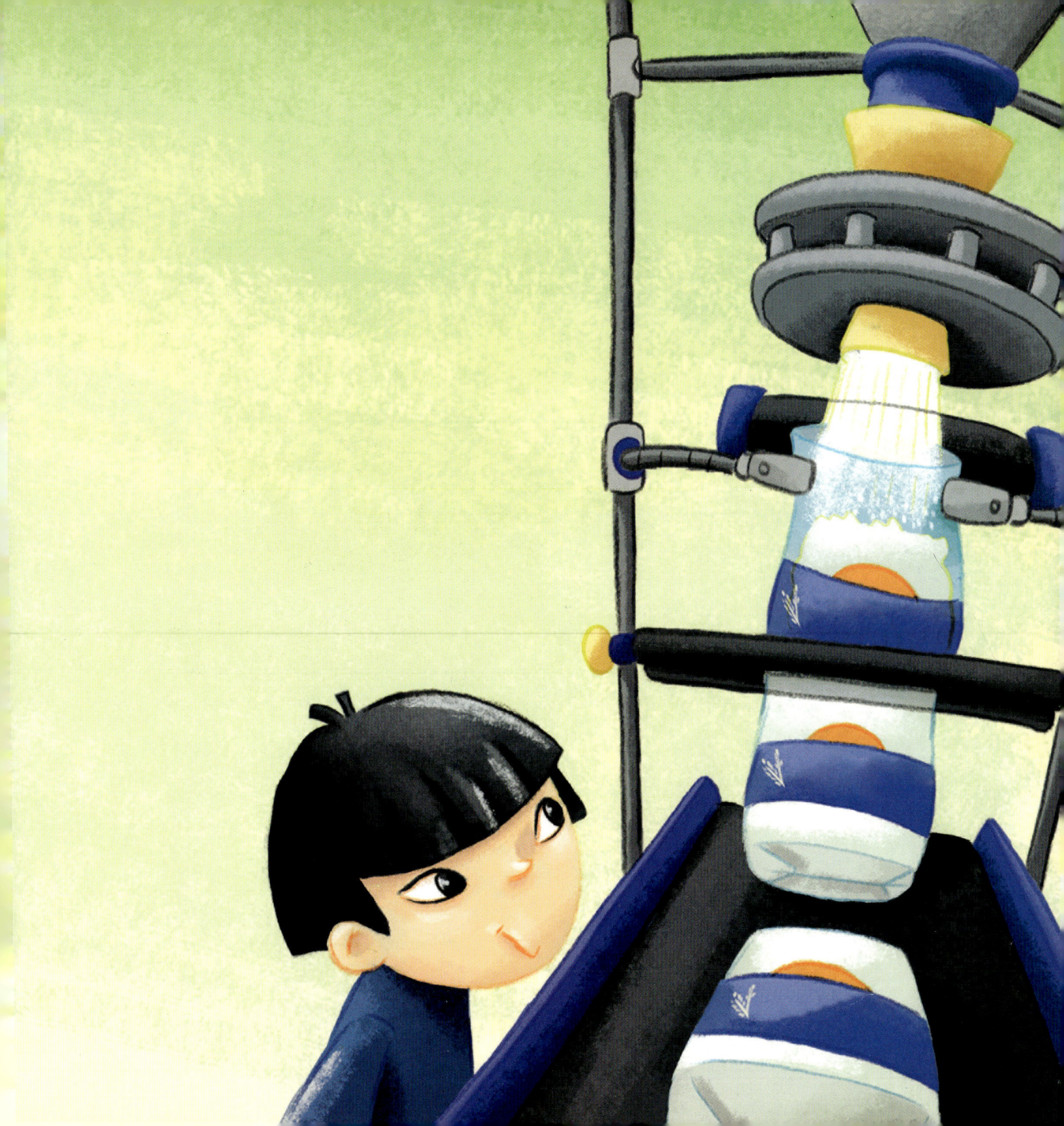

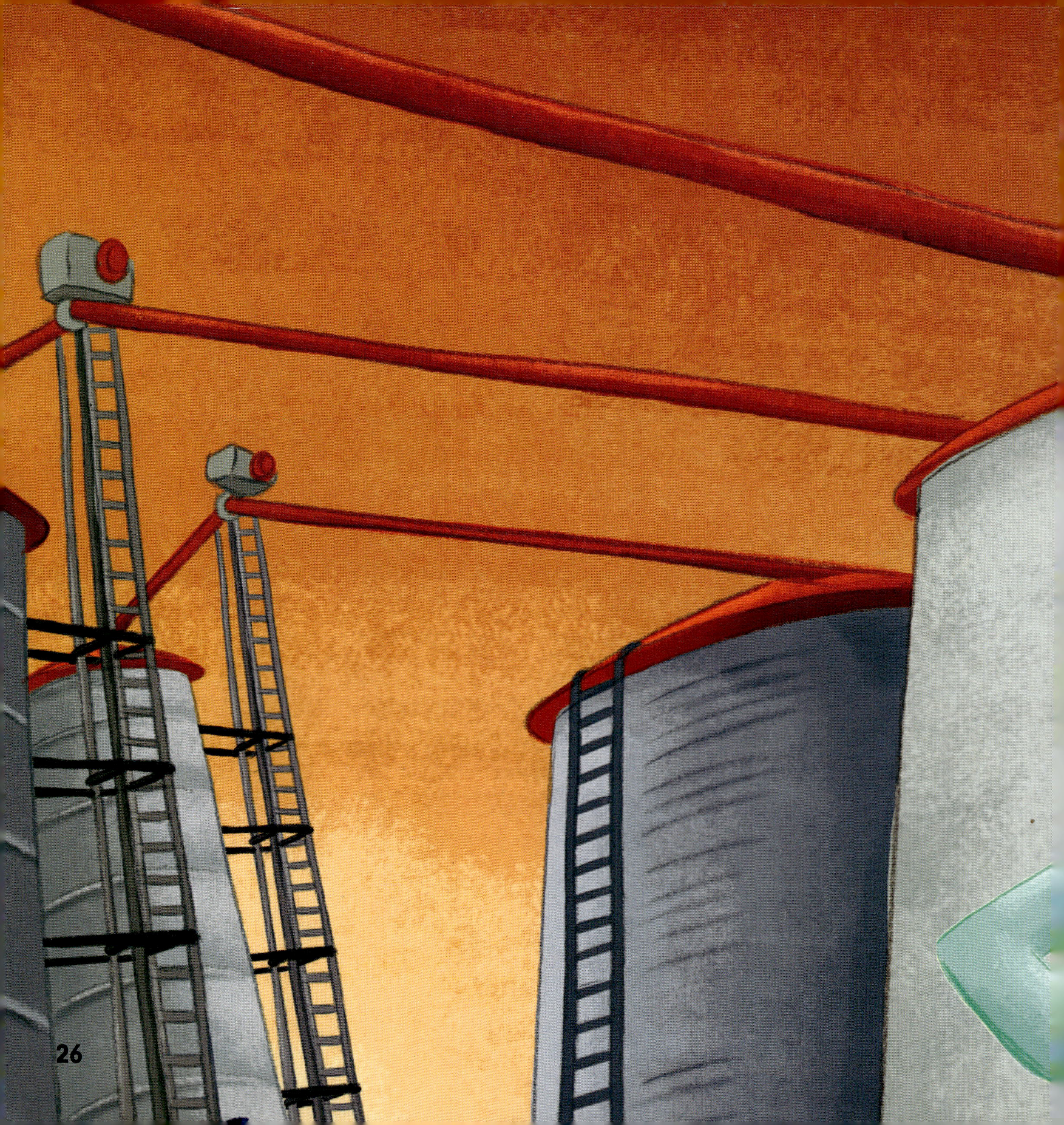

Al final de la visita, Celia regaló cinco kilos de arroz y un folleto con unas recetas para cocinar en el colegio a la maestra Teresa.

Rima

En la mesa

En la alimentación
hay diversa tradición.
Podemos ser diferentes,
pero el arroz, casi siempre,
en la mesa está presente.

Con leche, integral, salado,
frito, cocido, salteado,
frío, caliente, templado,
sin enrollar o enrollado.

En la alimentación
hay diversa tradición.
Podemos ser diferentes,
pero el arroz, casi siempre,
en la mesa está presente.

Canción

Al tirar arroz
(Música de *Al pasar el trébole*)

Al tirar arroz, ay, sí;
arroz, ay, sí, arroz, ay, sí.
Al tirar arroz, ay, sí;
los novios os querrán.

Y todos dirán, ay, sí;
dirán, ay, sí, dirán, ay, sí:
«¡Que vivan los novios, sí!».
¡VIVA, VIVA Y VIVA!

Teatro

El arroz en el mundo

Personajes:

Portugueses, chinos, japoneses, italianos, timorenses, mozambiqueños, brasileños.

(Cada nacionalidad puede ser representada por un niño o un grupo de niños).

(Los personajes entran en escena para presentar a su país y el tipo de arroz que más les gusta. Pueden salir con el traje típico de su nación o simplemente con la bandera).

Portugueses:
—Somos portugueses,
venimos de Portugal;
nos gusta el arroz con leche,
el salado o el integral.
Pero, como somos niños,
con leche es más especial.

Chinos:
—En la inmensa China,
de millones de chinos,
comemos «aloz»
desde que somos niños.
Nos encanta el «tles delisias»,
lo guise «Mali» o «Alisia».

Japoneses:
—Somos japoneses,
nacidos en Japón;
nos encanta el arroz
en la alimentación.
El *sushi* de arroz y el de pescado
comemos hoy, mañana y pasado.

Italianos:
—Nuestro país es Italia,
pues somos italianos;
riso decimos nosotros,
y *risotto* preparamos.

Timorenses:
—Somos timorenses,
llegados de Timor.
El arroz,
cocido en hojas de coco,
nos sabe mucho mejor.

Mozambiqueños:
—Aquí está Mozambique,
con sus mozambiqueños.
Hervido en leche de coco
nos queda tan bueno
que nos sabe a poco.

Brasileños:
—Nuestro país es Brasil,
luego somos brasileños.
No es por tirarnos faroles,
pero es mejor con frijoles.

Sugerencias:
1. Preparar arroz con leche o arroz tres delicias.
2. Crear *collages* con arroz.
3. Hacer unas maracas con envases de yogur pintados y rellenos de arroz o construir otros instrumentos musicales.

Vocabulario

Arroz
Planta propia de terrenos muy húmedos y climas cálidos, cuyo fruto, del mismo nombre, tiene forma de grano.

Arrozal
Terreno encharcado donde crece el arroz.

Cereal
Planta de cuyas semillas se puede obtener una sustancia parecida a la harina, como la cebada, el trigo, el centeno, etc.

Clima
Conjunto de las condiciones del tiempo (temperatura, nubosidad, vientos, etc.) que son propios de un lugar determinado.

Cosechar
Recoger los frutos de una tierra cultivada.

Descascarar
Quitar la cáscara de un fruto.

Drenar
Eliminar el exceso de agua de una zona.

Espiga
Grano de los cereales.

Haz
Conjunto de cosas semejantes que van atadas.

Maduración (fase de)
Fase en la que la planta deja de acumular materia seca en las semillas.

Máquina cosechadora
Vehículo grande que recorre el terreno sembrado, segando las plantas y, después, limpiando y envasando el grano.

Pericarpio
Parte exterior del fruto que envuelve y protege las semillas.

Remolque
Carro o vagón que es remolcado o arrastrado por otro.

Reproductivo, reproductiva (fase)
Fase en la que la planta produce flores para formar el fruto que contiene la semilla.

Segador, segadora
Persona que siega los campos manualmente.

Segar
Cortar espigas o hierba con la hoz, la guadaña o, más recientemente, con una máquina.

Sembrar
Esparcir las semillas en la tierra. De esas semillas nacerán después las plantas.

Silo
Lugar seco donde se guardan semillas.

Simiente
Semilla.

Temperatura
Calor o frío que hace en un lugar.

Terreno
Espacio de tierra.

Tractor
Vehículo con motor que se usa en las tareas del campo.

Vegetativa (fase)
Fase en la que las diferentes partes de la planta crecen y ya se pueden distinguir.

Refrán

«Para conocer a una persona hacen falta cinco sacos de arroz».

Este proverbio chino nos advierte de que a las personas no se las conoce en profundidad manteniendo tan solo un encuentro casual y breve. No; hace falta pasar largo tiempo juntos (el necesario para consumir cinco sacos de arroz) y compartir conversaciones y confidencias. Reunirse para comer con alguien nos facilita saber cómo es. Aun así, es muy posible que nos sorprenda en alguna ocasión…

Títulos de la colección:

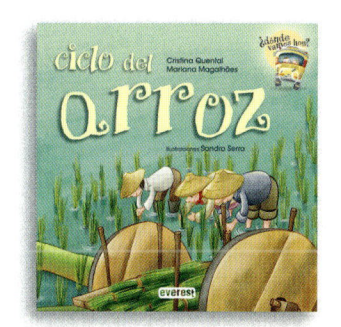

ciclo del **arroz**	ciclo del **pan**	ciclo de la **miel**	ciclo del **aceite**
ISBN: 978-84-441-4936-3	ISBN: 978-84-441-4937-0	ISBN: 978-84-441-4938-7	ISBN: 978-84-441-4939-4
ciclo del **agua**	ciclo de la **leche**	ciclo del **huevo**	ciclo del **chocolate**
ISBN: 978-84-441-4940-0	ISBN: 978-84-441-4941-7	ISBN: 978-84-441-4942-4	ISBN: 978-84-441-4943-1

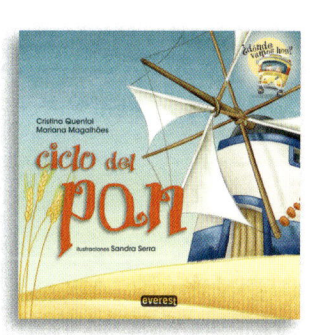

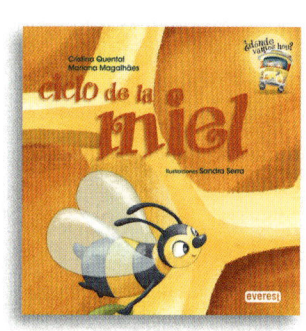

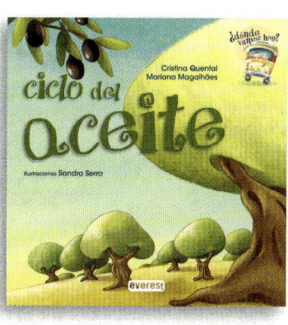

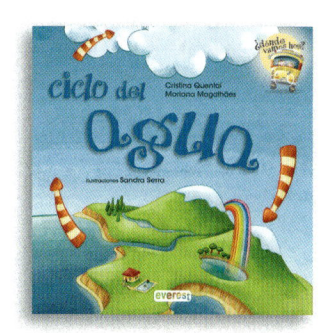

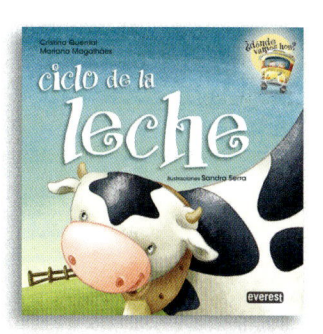

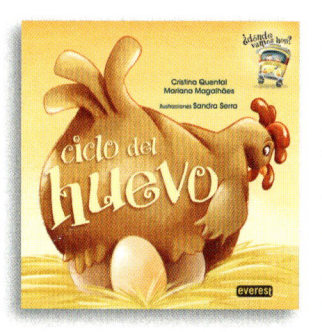

+SP
664.725 Q

Quental, Cristina, 1993-
Ciclo del arroz /
Shepard-Acres Homes WLNF
08/14